성인을 위한 피아노 교본

THE 피아노 1

KB192956

머리말

가장 많은 사람이 경험해보는 악기 피아노.

피아노를 배우고 나서 다른 악기를 배우게 되면 상대적으로 학습의 속도가 굉장히 빨라집니다. 피아노는 악보를 읽기가 가장 어려운 악기이기 때문입니다. 악기를 배울 때 악보 읽는 방법만 해결이 되어도 수월하게 습득할 수 있습니다.

23년째 <The piano 음악전문학원>을 운영하고, 17년째 성인 레슨을 하면서 '성인에게 적합한 피아노 교본'이 있었으면 좋겠다는 생각을 가지게 되었습니다. 그 결과, 오랫동안 수강생분들에게 공통으로 교육했던 레슨법과 연습곡들을 모아 교본으로 출간하게 되었습니다.

성인은 이해력의 속도가 아이들과 다르기에 유치부, 초등학생을 지도하던 교본과는 다른 책이 필요하였습니다. 고령화 사회 대한민국의 현실을 반영하듯 점점 피아노를 배우고 싶어 하는 어른들이 많아지고 있다는 걸 현장에서 느끼며, 도움이 되는 책을 만들고 싶었습니다.

이 책이 20대부터 시니어 수강생까지 모든 연령층이 피아노를 즐겁게 배우실 수 있는 행복한 기회의 책이 되기를 바랍니다.

저자 **신 소 현**

차 례

☰ 피아노의 관리법

· 적합한 온도, 습도의 예

피아노는 이탈리아의 악기 제작자 크리스토 포리(1655년~1731년)가 발명하였습니다. '악기의 왕'이라는 별명이 있을 만큼 다양한 음역의 소리를 낼 수 있는 악기로 세심한 관리가 필요합니다. 관리에 적합한 온도는 17~23도이며 습도는 45~60%가 적당합니다. 온도계와 습도계는 피아노가 설치된 방 안에 두며, 피아노 내부에 설치할 필요는 없습니다. 건조한 경우에는 피아노의 향판이 갈라질 수 있으며 또 반대로 너무 습한 경우에는 현이나 댐퍼에 곰팡이가 생길 수 있습니다. 조율은 사계절이 있는 우리나라의 경우 연 4회 정도를 권장하지만, 연습용 악기의 경우 최소 연 2회는 정기적으로 받는 것을 추천합니다. 연주용 피아노의 경우, 연주가 있을 때마다 조율하는 것이 좋습니다. 피아노는 가구가 아닙니다. 특히 피아노 위에 커피 등의 음료를 올려두었다가 건반이나 현에 쏟는 경우, 100% 상태로의 원상복구가 불가능하므로 피아노 위에는 되도록 아무것도 올려두지 않는 것이 좋습니다. 건반은 물티슈나 소독 티슈 대신 물기가 없는 부드러운 천을 사용해서 닦아 줍니다.

☰ 피아노의 종류

· 그랜드 피아노

· 업라이트 피아노

· 디지털 피아노

· 그랜드 피아노(Grand Piano)

주로 연주회용 피아노로 쓰이며, 레슨용으로도 사용됩니다. 88개의 건반으로 이루어져 있으며, 넓은 공간 차지와 큰 소리로 방음 시설을 하지 않는 이상 일반 주거 공간에서 사용이 어렵습니다.

· 업라이트 피아노(Upright Piano)

주로 연습용, 레슨용으로 쓰이며, 88개의 건반으로 이루어져 있습니다. 그랜드 피아노에 비해 작은 소리를 내지만 어쿠스틱 악기인만큼 음향 조절이 불가하기 때문에 가정에서 사용할 경우 소음 문제를 고려해 보아야 합니다.

· 디지털 피아노(Digital Piano)

다양한 음색을 가지고 있는 것이 장점입니다. 헤드폰이나 이어폰 사용이 가능하며, 피아노 자체의 볼륨 조정도 가능하기 때문에 소음 문제에서 자유롭습니다. 가급적 목건반으로 된 디지털 피아노를 추천드립니다. 대부분 녹음 기능이 가능하여 직접 연주한 곡을 들어볼 수 있는 장점이 있습니다. 다만, 현에서 나오는 울림이 아니기 때문에 업라이트 피아노와 동일한 소리를 낼 수 없는 단점이 있지만 시간대의 구애 없이 사용이 가능하여 가정에서의 연습용 악기로 추천합니다. 61개의 건반부터 76개의 건반, 88개의 건반 중 선택이 가능한데 가급적이면 모든 음역대에서 연주가 가능한 88개의 건반을 선택하는 것을 추천합니다.

피아노를 연주하는 자세

• 피아노를 연주하는 올바르지 않은 자세의 예

• 피아노를 연주하는 올바른 자세의 예

✕ 어깨를 올리고 연주합니다.

○ 어깨를 바르게 펴고 내린 상태에서 건반에 손을 올려 놓습니다.

어깨가 올라갈 경우, 건반을 누르는 반대 방향으로 힘을 쓰게 되므로 불편하고 통증이 생길 수 있습니다. 연습을 하다보면 자신도 모르게 어깨가 올라가는 경우가 종종 있으므로 이 책이 끝나기 전까지는 바른 자세 유지를 위하여 연습 중 10분에 한 번씩은 자세를 살펴보시길 권해 드립니다.

페달을 사용하지 않더라도 다리를 꼬지않고, 발바닥을 바닥에 붙입니다. 피아노와 내 몸의 간격은 30cm 정도 떨어지게 앉는 것이 가장 좋습니다. 신장이 170cm 이상이라면 키에 맞춰 조금 더 간격을 두면 좋습니다.

바른 손 모양

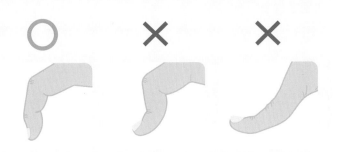

 중요

❈ 손가락의 첫 번째 마디가 꺾이거나 휘어지지 않게 손끝을 둥글게 세워줍니다.
❈ 손끝에만 단단하게 힘을 주어 건반을 누릅니다.

✓ 중요

❈ 손 모양을 터널처럼 둥글게, 단단하게 만듭니다.

≡ 손가락 번호

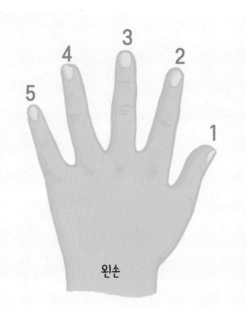

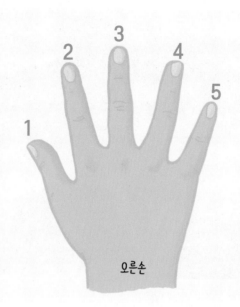

손가락 번호는 악보의 음표 위나 아래에 표기된 숫자로 피아노를 연주할 때 손가락이 꼬이지 않고 쉽게 연주를 도와주는 역할을 합니다. 악보에 표기된 손가락 번호는 권장 사항으로 개인마다 손의 크기나 모양이 다르기에 어느 정도 익숙해진 후에는 스스로 연습하며 편안한 번호를 찾아 사용하여도 좋습니다.

≡ 88개의 피아노 건반

피아노에는 총 88개의 건반이 있으며 왼쪽으로 갈수록 낮은 소리가 나고 오른쪽으로 갈수록 높은 소리가 납니다.

✏️ 가운데 도를 찾아 오른손 1번과 왼손 1번으로 각각 건반을 눌러 보세요.

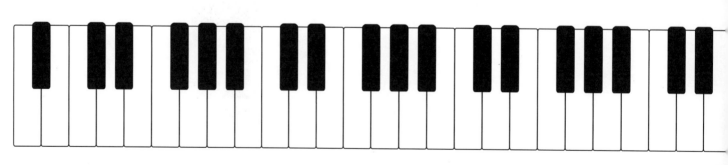

낮은 소리

≡ '도'의 자리

피아노의 건반은 검은건반과 흰건반으로 이루어져 있습니다. 검은건반은 2개, 3개씩 차례대로 나열되어 있습니다.

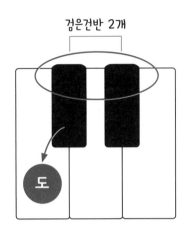

검은건반 2개

도

아리랑 예비연습

왼손　　　　오른손

2 1　1 2 3　　5

높은
도

그림을 보고 양손 번호에 맞게 건반을 눌러 보고, 순서대로 올라가기와 내려가기를 연습해 보세요.

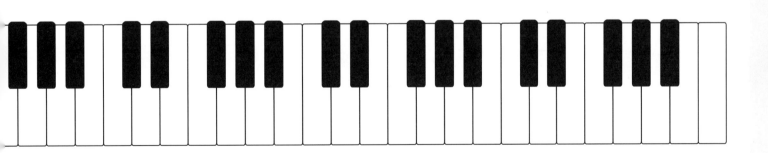

높은 소리

Q 피아노 건반에는 몇 개의 도가 있을까요?

A 총 8개의 '도'가 있습니다.

아리랑

우리 민요

선생님 반주

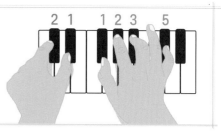

숫자보에 적힌 번호에 맞춰 건반을 눌러 보세요.

선생님 반주

아 리 랑 — 아 리 랑 — 아 라 리 — 요 — —

아 리 랑 — 고 — 개 — 로 — 님 어 간 다

나 를 버 리 고 가 시 는 님 — 은 — — —

☰ 오선

음의 높이를 나타내기 위해 평행으로 그린 5개의 줄을 '오선'이라고 합니다. 음은 줄 또는 칸에 표기되며 음의 높이에 따라
이름이 정해집니다. 왼쪽에서 오른쪽의 순서로 음을 읽으며, 줄의 순서는 아래부터 읽습니다.

다섯째 줄 ➡
넷째 칸
넷째 줄 ➡
셋째 칸
셋째 줄 ➡
둘째 칸
둘째 줄 ➡
첫째 칸
첫째 줄 ➡

Q 오선에는 몇 개의 줄이 있나요? ( )개
A 5

Q 오선에는 몇 개의 칸이 있나요? ( )개
A 4

세로줄
오선의 위에 그은 줄로, 마디와 마디를 나눌 때 쓰입니다.

마디
세로줄과 세로줄 사이를 마디라고 합니다.

겹세로줄
세로줄이 두 개로 합쳐진 줄로, 박자표나 조표가 바뀔 때 쓰입니다.

끝세로줄
곡이 끝날 때 쓰입니다.

세로줄   겹세로줄

마디   끝세로줄

✏️ 총 몇 마디인지 써 보세요.

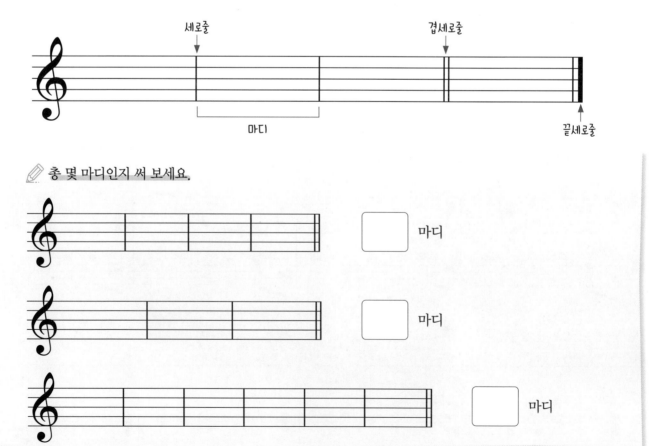

[ ] 마디

[ ] 마디

[ ] 마디

≡ 음자리표

음자리표는 음의 높이를 결정합니다. 높은음을 나타낼 때는 높은음자리표를 사용하며, 낮은음을 나타낼 때는 낮은음자리표를 사용합니다.

Q 큰보표의 위는 항상 높은음자리표가 아래는 낮은음자리표로 이루어져 있나요?

A 많은 악보의 구성이 그렇습니다만 항상 그런 것은 아닙니다.

≡ 큰보표

높은음자리보표와 낮은음자리보표를 묶음줄과 세로줄로 이은 것을 큰보표라고 합니다. 두 음역대가 동시에 연주될 때 사용합니다.

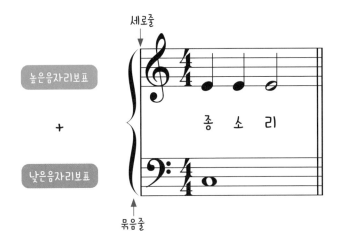

✎ 높은음자리표와 낮은음자리표를 따라 그려 보세요.

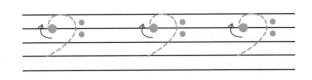

≡ 박자표

음자리표 뒤에 붙어 곡의 박자를 나타내며, 분수로 표기합니다. 분모 자리에는 기준이 되는 음표가 분자 자리에는 한 마디 안에서 사용되는 음표의 개수를 숫자로 나타냅니다.

한 마디 안에서 사용할 수 있는 기준 음표의 개수를 나타냅니다.

기준이 되는 음표를 나타냅니다.

4/4 박자: ♩(4분음표)를 1박으로 하여 한 마디 안에 4개 있습니다.

3/4 박자: ♩(4분음표)를 1박으로 하여 한 마디 안에 3개 있습니다.

2/4 박자: ♩(4분음표)를 1박으로 하여 한 마디 안에 2개 있습니다.

Q 언제 커먼타임으로 표기 하는 건가요?

A 정해져 있지 않습니다.

✾ **C** (Common time): 커먼타임, 4/4박자의 또 다른 표기 방법

13

≣ 음표와 쉼표의 종류

음표	이름	박 수
o	온음표	4박
♩♩	2분음표	2박
♩♩	4분음표	1박
♪♪	8분음표	반박

쉼표	이름	박 수
▬	온쉼표	4박 쉬기
▬	2분쉼표	2박 쉬기
𝄽	4분쉼표	1박 쉬기
𝄾	8분쉼표	반박 쉬기

≣ 음표의 기둥

음표의 기둥은 오선의 둘째 칸까지는 머리의 오른쪽 위로 그리고, 셋째 줄부터는 머리의 왼쪽 아래로 그립니다.

Q 음표의 기둥은 무엇을 기준으로 위, 아래로 그리나요?

A 셋째 줄을 기준으로 합니다.

✏️ 음표의 기둥을 그려 보세요.

14

≡ '가온 도'의 공유

오선에서 '가온 도'의 자리는 표기는 다르나 같은 소리가 나며, 같은 위치입니다.
높은음자리보표와 낮은음자리보표에서의 '가온 도'를 익혀 보세요.

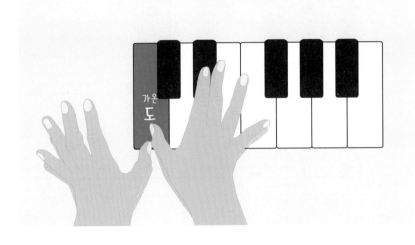

박자 세기 도의 노래 예비연습   신소현 작곡

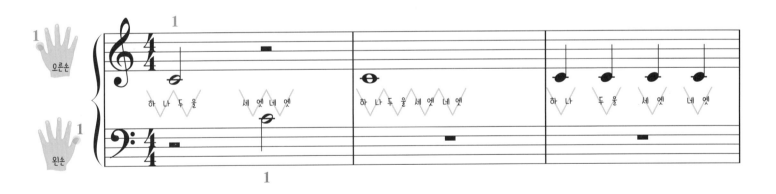

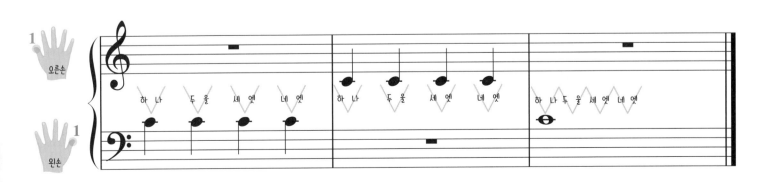

도의 노래

신소현 작곡

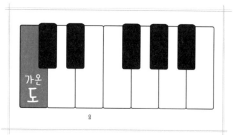

선생님 반주

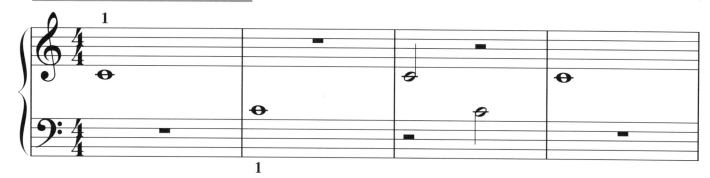

듀엣 연주 시 한 옥타브 위로 연주해 보세요.

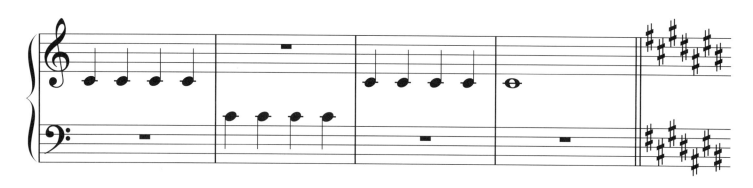

선생님
반주

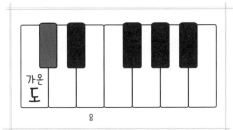

Tip.
연주가 익숙해지면 다양한 손 번호로 연주해 보세요.

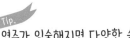

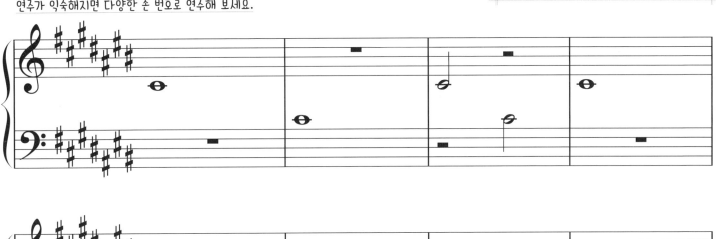

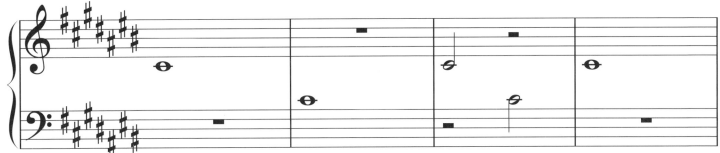

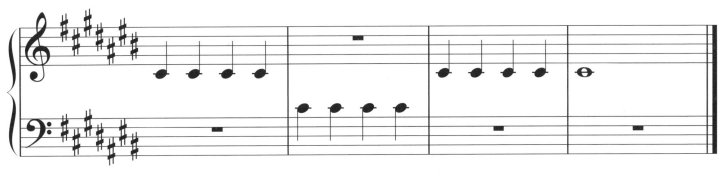

생님
반주

큰보표와 음의 위치

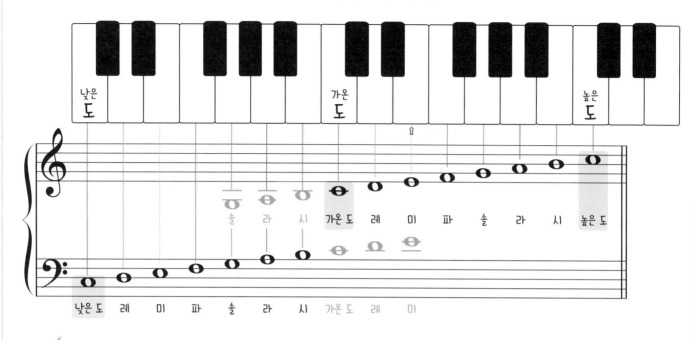

도돌이표

도돌이표는 한 번 더 연주하라는 뜻입니다. 끝부분에만 표기가 있을 경우 처음으로 돌아가서 반복하며, 마주 보고 있는 표기가 있는 경우 도돌이표 사이를 한 번 더 연주합니다.

※ 연주 순서: A → B → A → B

※ 연주 순서: A → B → C → B → C

연습1

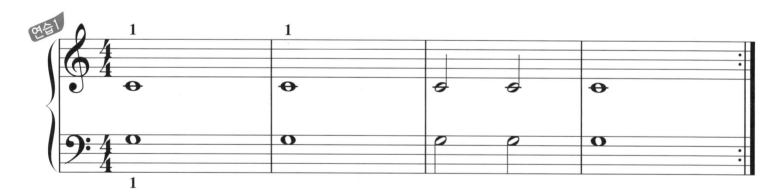

연습2

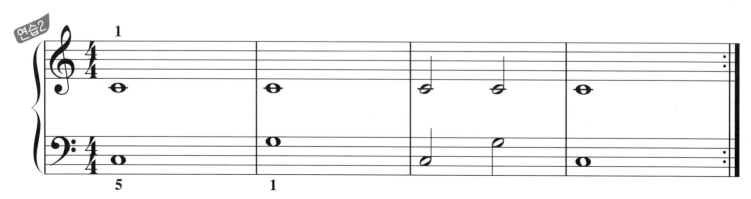

비행기 작자 미상

환희의 송가 L. v. 베토벤 작곡

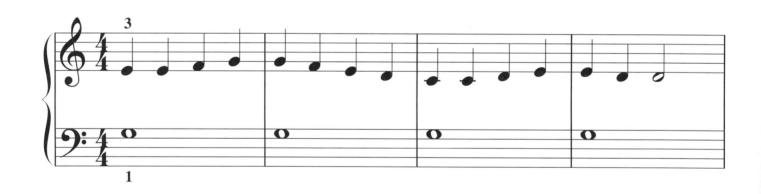

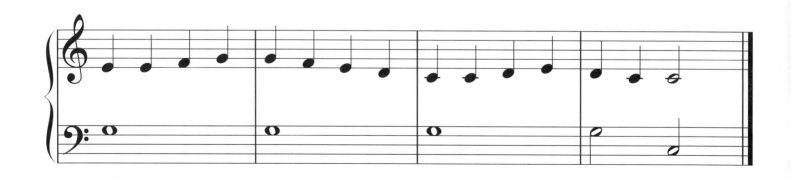

모두 제자리

김성균 작곡

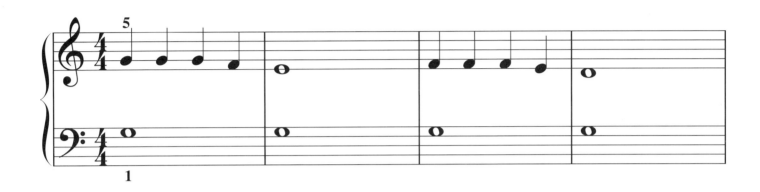

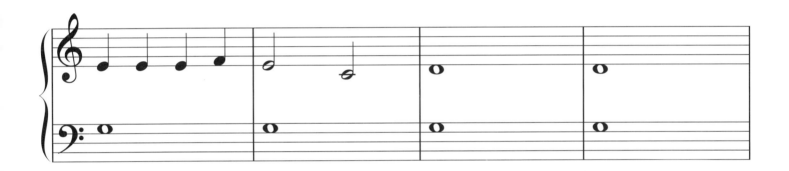

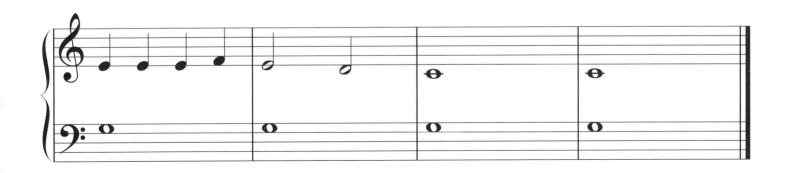

종소리

J. 피어폰트 작곡

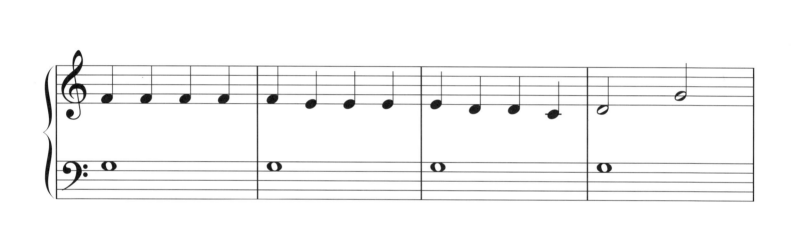

🎼 화음

화음이란 2개 이상의 음을 동시에 연주하는 것을 의미합니다.

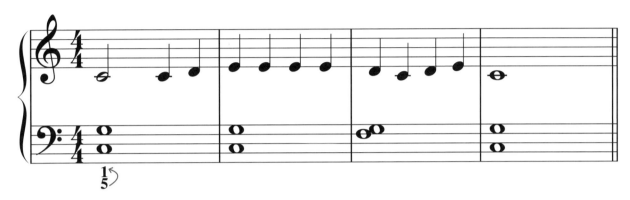

✦ 화음의 손번호는 아래에서 위 순서로 읽습니다.

Q 다음 마디에 같은 음이 나오면 계이름을 읽지 않고 그대로 연주해도 되나요?
A 네 그렇습니다.

✏ ☐ 안에 알맞은 계이름을 써 보세요.

거미

외국 곡

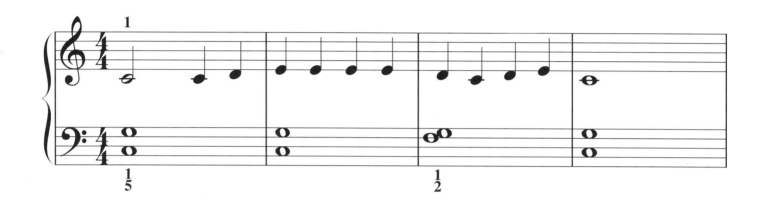

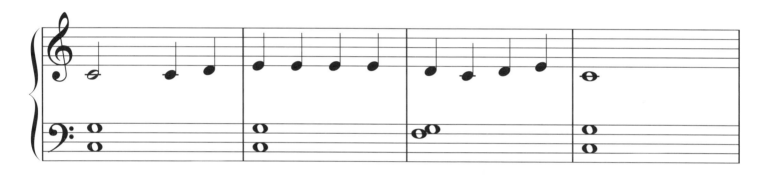

24

종소리 -화음반주

J. 피어폰트 작곡

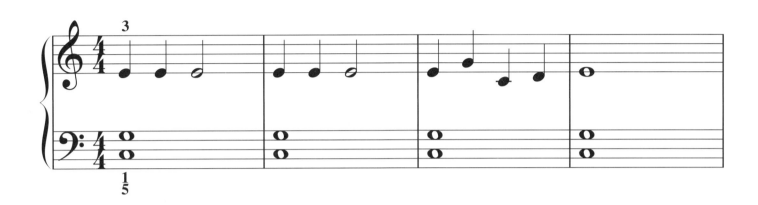

도레미파솔의 노래 　신소현 작곡

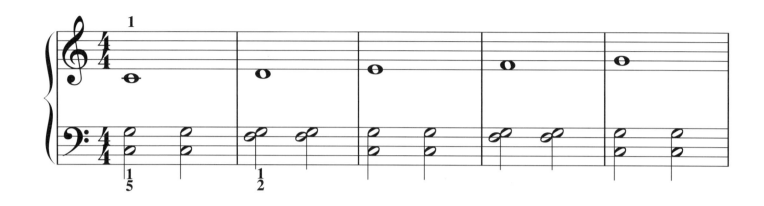

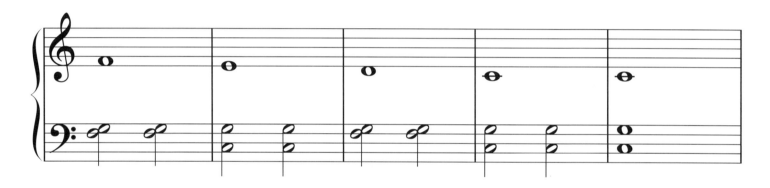

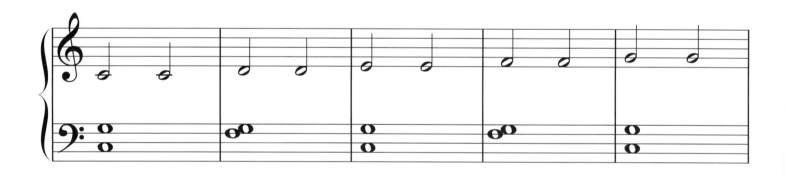

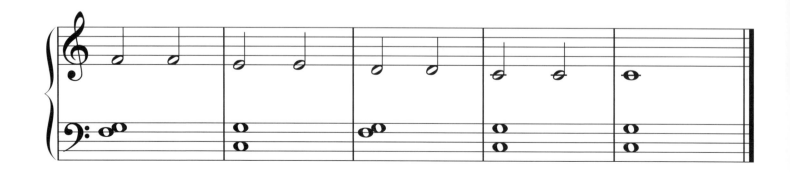

꼬마 벌 독일 민요

종소리 -펼침반주

J. 피어폰트 작곡

≣ 음정

음정은 음과 음 사이의 거리입니다.
표기는 '도'로 나타냅니다.

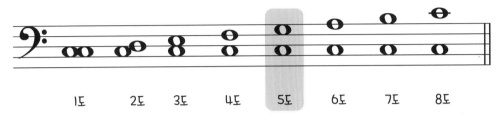

| 1도 | 2도 | 3도 | 4도 | 5도 | 6도 | 7도 | 8도 |

☆ 왼손 반주에서 가장 많이 쓰이는 음정입니다.

Q 계이름 '도'에서 시작하는 화음만 계산할 수 있나요?

A 그렇지 않습니다. 모든 화음의 시작음 기준을 1도로 계산하면 됩니다.

✏ 음정의 도 수를 써 보세요.

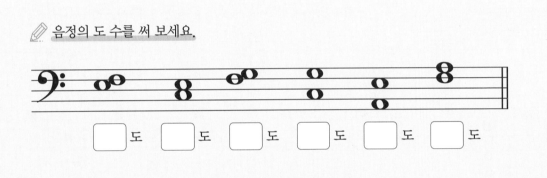

□도 □도 □도 □도 □도 □도

≣ 가락음정과 화성음정

가락음정은 두 음이 따로 소리나는 음정입니다.

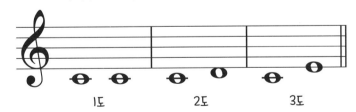

1도   2도   3도

화성음정은 두 음이 동시에 소리나는 음정입니다.

1도   2도   3도

알베르티 연습곡   신소현 작곡

Q '알베르티 베이스'가 무엇인가요?

A 반주법의 종류 중 하나로 '도메니코 알베르티'라는 이탈리아 작곡가가
사용하여 그의 이름으로 지어지게 된 왼손 반주법입니다.

건너가기

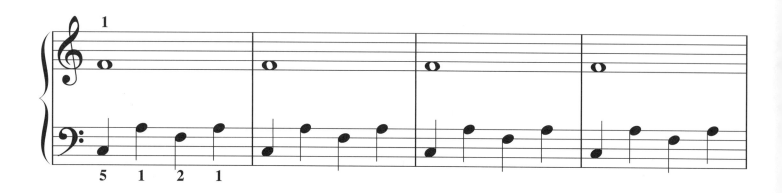

★ 붙임줄 : 같은 높이의 두 음을 연결한 줄로 두 음의 길이를 합쳐
하나의 음으로 연주합니다. 뒤의 음은 소리내지 않습니다.

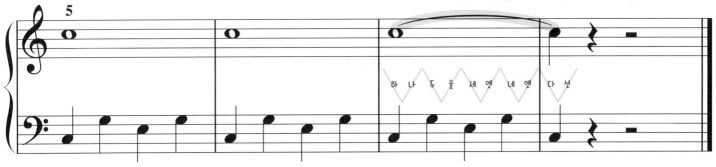

하 나 두 울 세 엣 네 엣 다 섯

캉캉

J. 오펜바흐 작곡

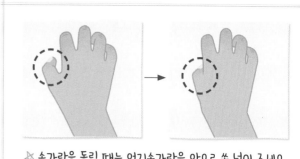

✱ 손가락을 돌릴 때는 엄지손가락을 안으로 쏙 넣어 주세요.

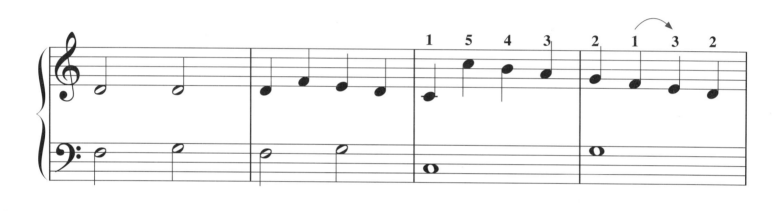

음계 연습곡

신소현 작곡

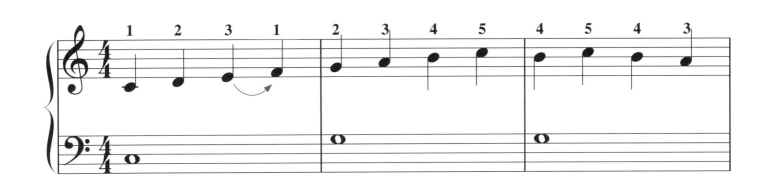

작은 별 W. A. 모차르트 작곡

Q 손가락 번호를 왜 바꿔야 하나요?
A 보다 많은 음정들로 확장된 연주를 하기 위함입니다.

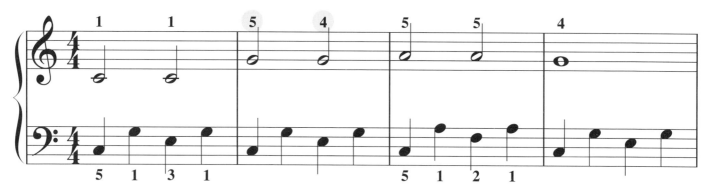

Q 왼손 반주법의 이름은 무엇 일까요?
A 알베르티 베이스

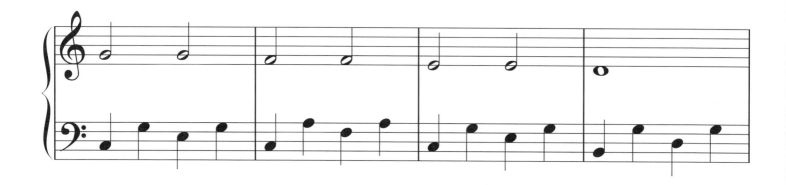

You Are My Sunshine   J. 데이비스 작곡

✿ 못갖춘마디 :
박자표에 맞는 박을 갖추지 못한 것으로 첫 마디와 끝 마디를 합하면 완전한 박을 이룹니다.

3박

1박

사랑은 늘 도망가

홍진영 작곡

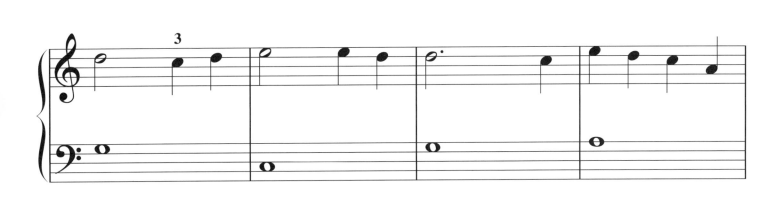

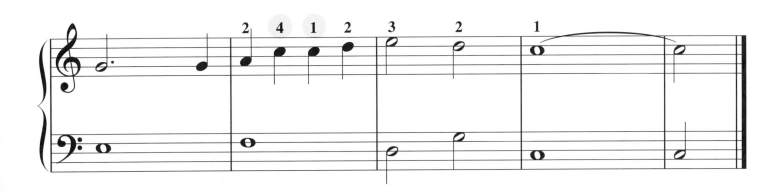

바이엘 58번 변형

F. 바이엘 작곡

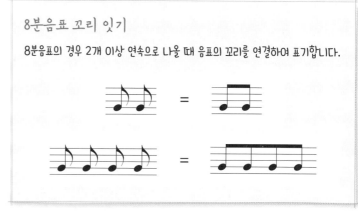

38

목로주점

이연실 작곡

당신은 모르실거야

길옥윤 작곡

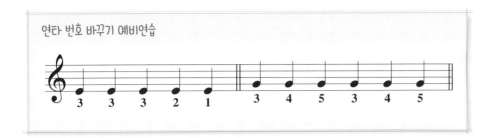

Q 연타는 왜 번호를 바꾸며 연주해야 되나요?
A 고른 소리를 내기 위함입니다.

신데렐라

작자 미상

화개장터

조영남 작곡

Tip.
오른손을 먼저 연습해 본 후 연주해 보세요.

♬ 점음표의 종류

점음표	이름	박 수
♩. ♩.	점2분음표	3박
♩. ♩.	점4분음표	1박 반

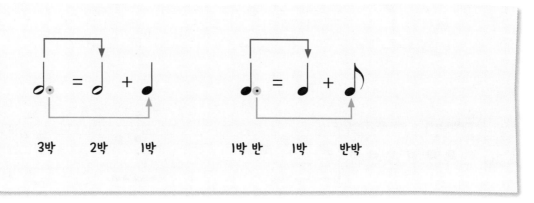

♬ 점쉼표의 종류

점쉼표	이름	박 수
▬.	점2분쉼표	3박 쉬기
ๅ.	점4분쉼표	1박 반 쉬기

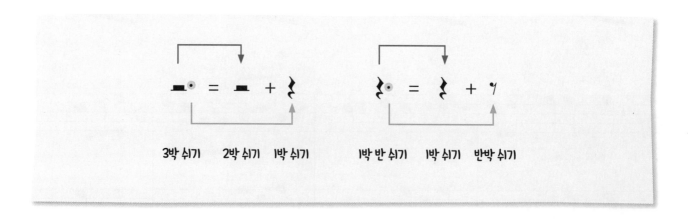

피아노의 페달

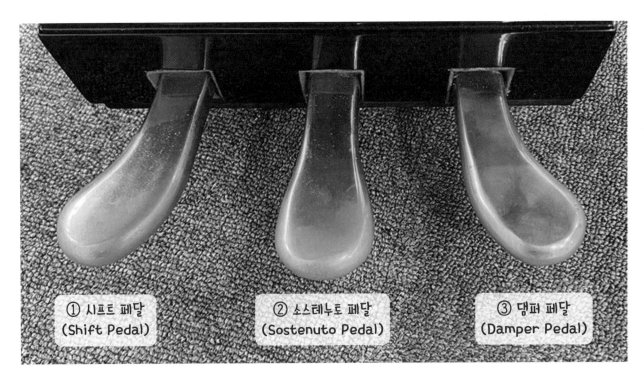

① 시프트 페달
(Shift Pedal)

② 소스테누토 페달
(Sostenuto Pedal)

③ 댐퍼 페달
(Damper Pedal)

피아노의 페달은 모두 3가지가 있습니다. 생김새는 비슷하지만, 그랜드 피아노의 페달과 업라이트 피아노의 페달은 다른 기능을 가지고 있습니다. 우리 교본에서는 그랜드 피아노를 기준으로 설명합니다.

① 시프트 페달(Shift Pedal)

우나 코다 페달(Una Coda Pedal)이라고도 불리는 이 페달은 가장 왼쪽에 위치하며 소리를 줄이는 기능(약음 페달)과 음색을 변화시키는 역할을 합니다.

② 소스테누토 페달(Sostenuto Pedal)

가운데에 위치하며 특정 음만 울리게 연주하고 싶을 때 사용하는 페달입니다.

③ 댐퍼 페달(Damper Pedal)

오른쪽에 위치하며 피아노 연주 시 가장 많이 사용되는 페달입니다. 업라이트 피아노와 그랜드 피아노 모두 같은 기능을 합니다. 울림을 주는 역할로 페달을 밟는 방법에는 레가토 페달과 동시 페달이 있으며 악보를 보시면 페달을 밟는 기호 표시가 있는 페달이 바로 댐퍼 페달입니다. 댐퍼 페달을 밟을 때는, 오른발 발뒤꿈치를 바닥에 붙인 뒤에 발가락만으로 밟지 않고 발바닥을 사용하여 밟습니다. 운전할 때 액셀을 밟는것과 유사합니다. 페달 끝까지 발이 닿지 않도록 해야 쉽게 밟을 수 있습니다. 밟는 지점은 약 5cm 가량 떨어진 지점이라고 생각하시면 위치 잡기가 쉽습니다. 페달은 밟는 깊이에 따라서 울림에 대한 양도 조절이 되지만, 우리 교본에서는 끝까지 밟는 페달만 사용합니다.

☰ 옥타브

옥타브는 어떤 음에서 위 또는 아래로 여덟 번째 음까지의 거리입니다.

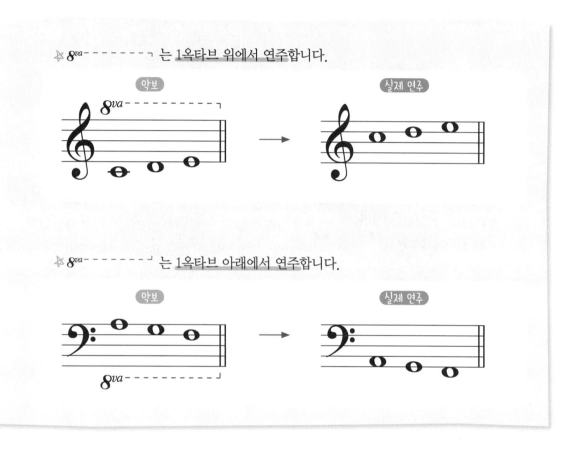

☆ *8va*------┐ 는 1옥타브 위에서 연주합니다.

☆ *8va*------┐ 는 1옥타브 아래에서 연주합니다.

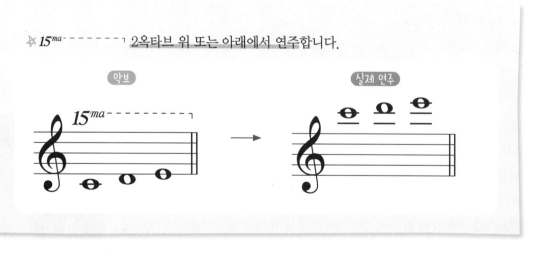

☆ *15ma*------┐ 2옥타브 위 또는 아래에서 연주합니다.

ⓠ 악보에서 옥타브 표기는 왜 사용하는 건가요?
ⓐ 연주자가 빠르고 쉽게 악보를 읽게 하기 위해서입니다.

학교 종

김메리 작곡

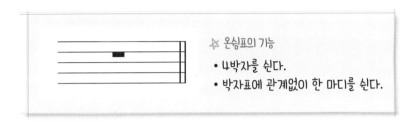

★ 온쉼표의 기능

• 4박자를 쉰다.
• 박자표에 관계없이 한 마디를 쉰다.

Tip.
오른쪽 댐퍼 페달을 곡의 끝까지 밟아 보세요.

Q $\frac{3}{4}$ 에 쓰인 온쉼표는 몇 박을 쉴까요?

A 3박

★ 1옥타브 위로 연주   ★ 2옥타브 위로 연주

8va - - - - - - - - - - - - - - - ┐   *15ma* - - - - - - - - - - - - - - ┐

예쁜 도레미

신소현 작곡

Second

예쁜 도레미 신소현 작곡

First 듀엣 연주 시 한 옥타브 위로 연주해 보세요.

Second

50

First

언덕 위의 집   D. 켈리 작곡

Second

언덕 위의 집

D. 켈리 작곡

First　듀엣 연주 시 한 옥타브 위로 연주해 보세요.

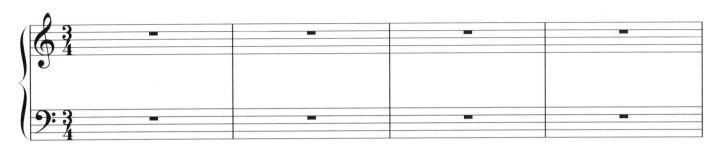
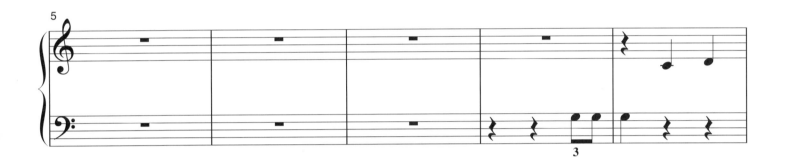

Second

✦ 늘임표(페르마타) : 음을 2~3배 늘여서 연주합니다.

First

젓가락 행진곡

A. 륄리 작곡

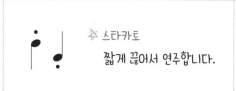

Q 스타카토는 얼마나 짧게 연주하나요?

A 음표 길이의 $\frac{1}{2}$만큼 연주합니다.

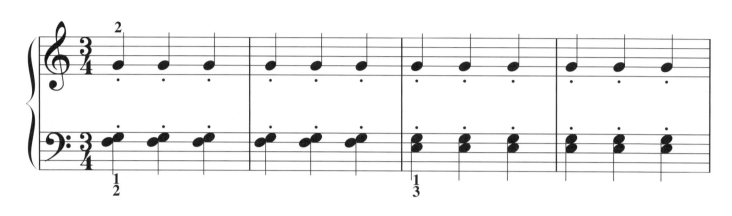

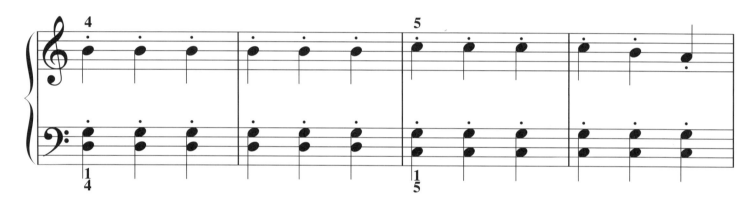

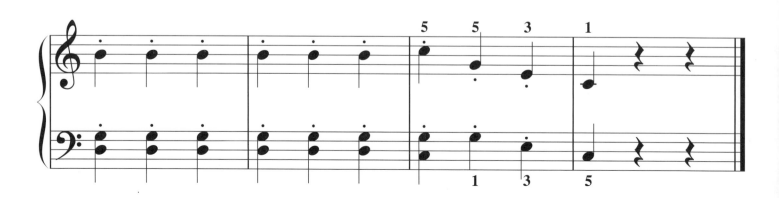

미뉴에트

J. S. 바흐 작곡

홀로 아리랑

한돌 작곡

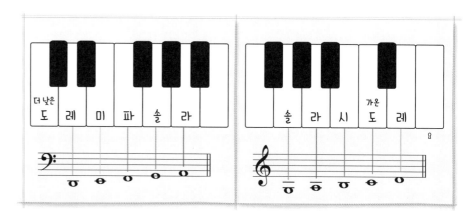

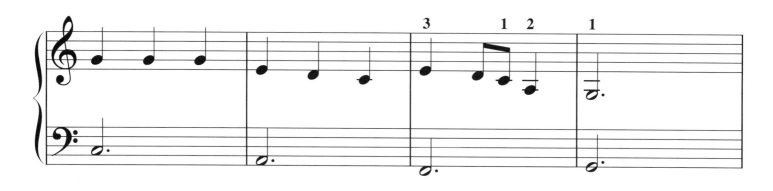

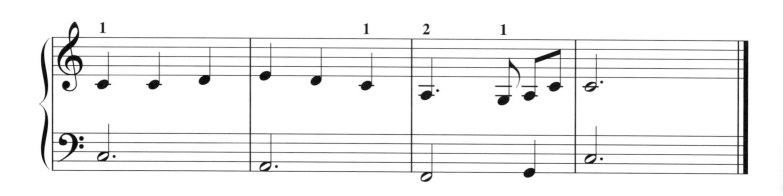

소나티네 Op.36 No.1

M. 클레멘티 작곡

여자의 마음

G. 베르디 작곡

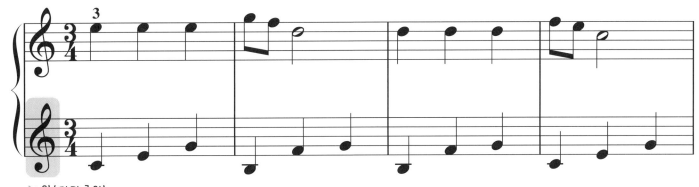

✮ 왼손자리 주의!

☰ 3화음

어떤 음 위에 3도씩 차례로 두 번 쌓은 화음입니다. 3화음은 밑음, 3음, 5음으로 구성되어 있습니다.

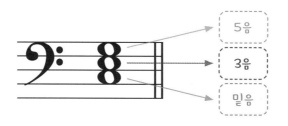

생일 축하 노래

힐 자매 작곡

Tears In Heaven
E. 클랩튼, W. 제닝스 작곡

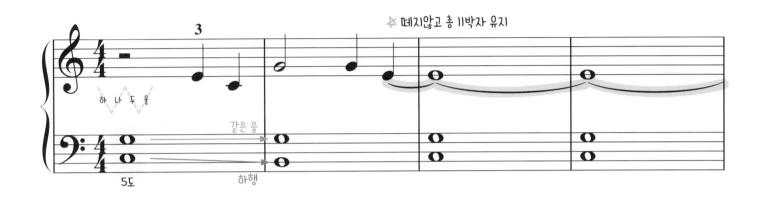

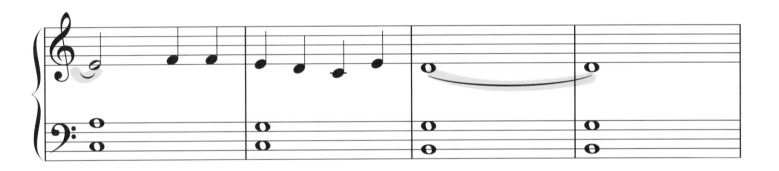

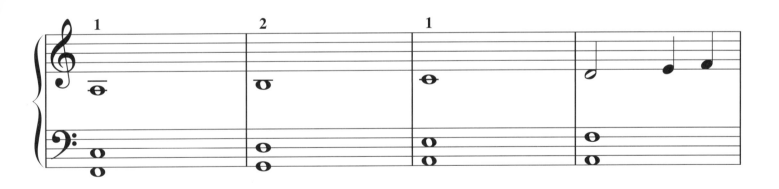

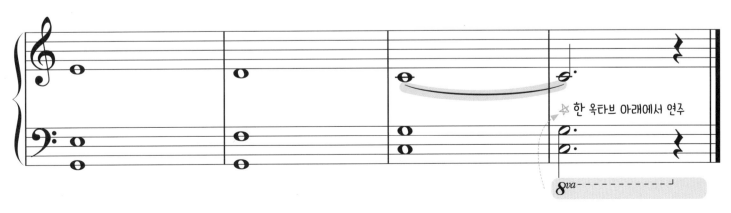

체르니 Op.139 No.5

C. 체르니 작곡

☆ 도돌이표 :
처음으로 돌아가서 연주합니다.

☆ 총 3박자 쉬기

Try To Remember

H. 슈미츠, T. 존스 작곡

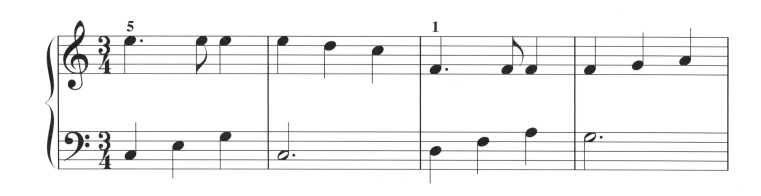

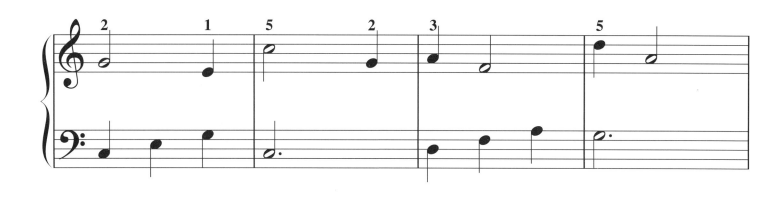

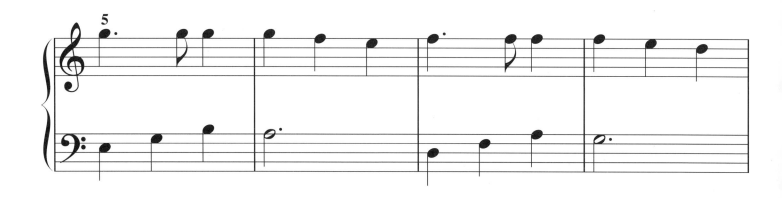

✽ 임시표

일시적으로 음의 높이를 반음 올리거나, 내려서 변화하는 것을 말합니다. 조표와 상관없이 음표 머리 앞에 붙어 해당하는 음
또는 해당 마디에서만 영향을 받습니다.

✽ 도돌이표 연주순서

맨 처음으로 돌아가서 숫자 순서대로 반복하여 끝마칩니다.

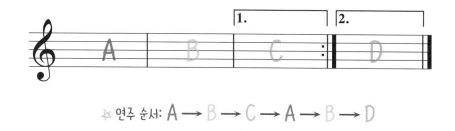

✽ 연주 순서: A → B → C → A → B → D

왈츠 Op.39 No.15   J. 브람스 작곡

동네 한 바퀴

작자 미상

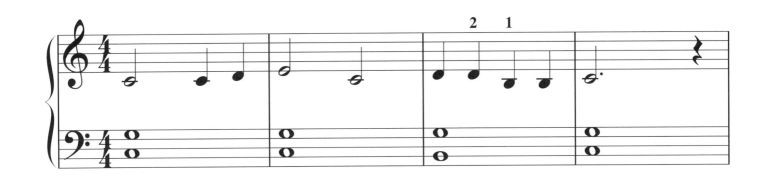

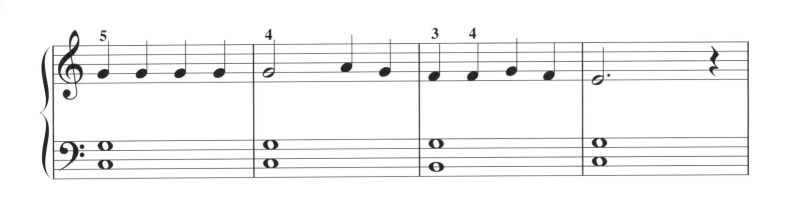

✤ 싱커페이션(Syncopation)

센 박과 여린 박의 위치가 바뀌는 불규칙적인 셈여림으로 나타나는 리듬을 말합니다.
우리말로는 '당김음'이라고 불립니다.

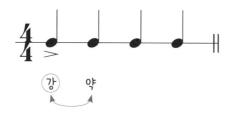

오 필승 코리아
붉은악마, 이근상 작곡

창 밖을 보라

T. 미쉘 작곡

할아버지의 시계

C. W. 헨리 작곡

Second

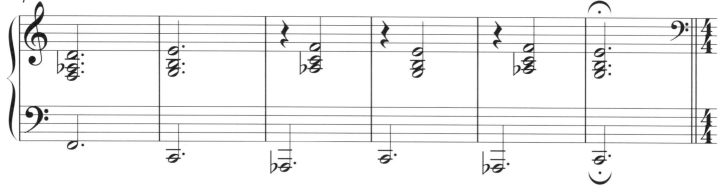

할아버지의 시계

C. W. 헨리 작곡

Q 겹세로줄은 언제 쓰이나요?

A 박자표 또는 조표가 바뀔 때, 늘임표와 함께 쓰일 시 마침표의 역할을 하기도 합니다.

First 듀엣 연주 시 한 옥타브 위로 연주해 보세요.

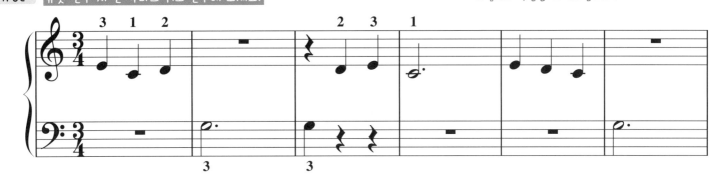

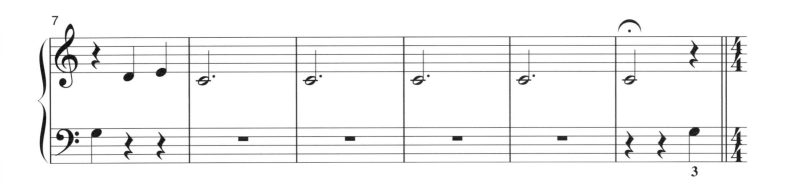

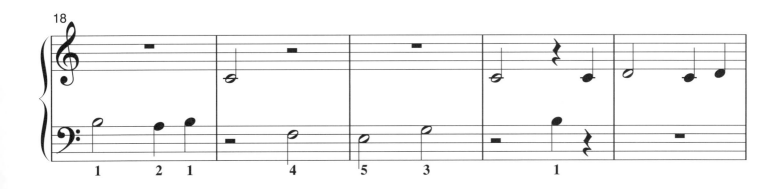

The Rose

B. 미들러 작곡

Summer

히사이시 조 작곡

엘리제를 위하여 L. v. 베토벤 작곡

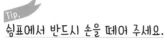

심표에서 반드시 손을 떼어 주세요.

☆ 댐퍼 페달 밟기   ☆ 페달 떼기

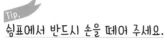

✿ 셈여림표

피아니시모	피아노	메조 피아노	메조 포르테	포르테	포르티시모
pp	*p*	*mp*	*mf*	*f*	*ff*
매우 여리게	여리게	조금 여리게	조금 세게	세게	매우 세게

넬라 판타지아

E. 모리코네 작곡

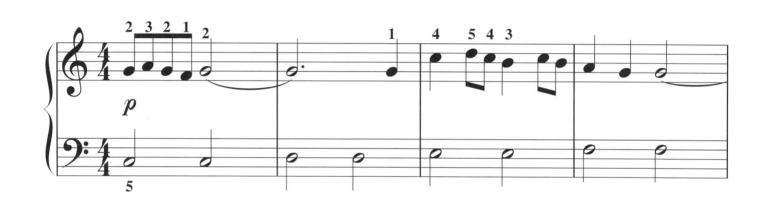

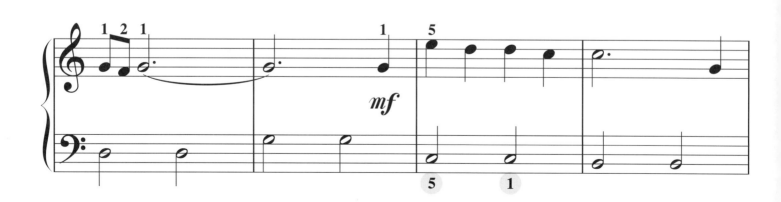

소나타 k.545

W. A. 모차르트 작곡

☆ 음자리표 주의!

첨밀밀

황호 작곡

하농 No.1   C. 하농 작곡

Tip.
오른손, 왼손 따로 연습 후 양손으로 연주해 보세요.

≡ 올림표와 내림표

올림표(♯, 샤프)는 음을 반음 올릴 때 사용합니다.

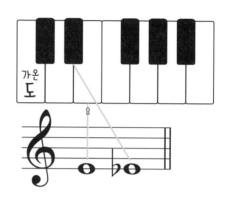

내림표(♭, 플랫)는 음을 반음 내릴 때 사용합니다.

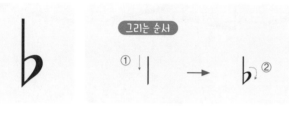

≡ 조표

곡의 조성을 나타내는 것으로 음자리표와 박자표 사이에 위치한
올림표(샤프)나 내림표(플랫)를 나타내며, 곡의 모든 해당하는 음에 영향을 끼칩니다.

✎ 음표 앞에 올림표, 내림표를 따라 그려 보세요.

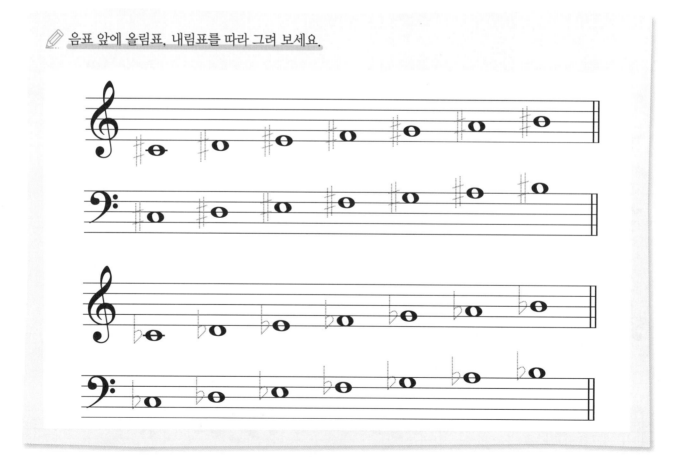

✲ 조표가 붙는 순서

올림표(샤프)와 내림표(플랫)는 각각 7개까지 붙을 수 있으며, 그 개수에 따라 조성이 정해집니다. 조표가 붙는 순서를 알아보세요.

- 올림표(샤프)가 붙는 순서

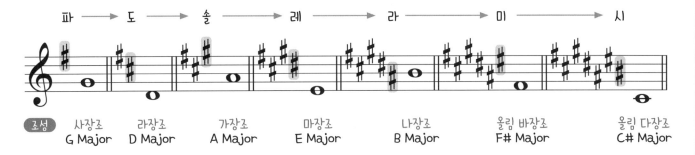

조성	사장조 G Major	라장조 D Major	가장조 A Major	마장조 E Major	나장조 B Major	올림 바장조 F# Major	올림 다장조 C# Major

- 내림표(플랫)가 붙는 순서

조성	바장조 F Major	내림 나장조 B♭ Major	내림 마장조 E♭ Major	내림 가장조 A♭ Major	내림 라장조 D♭ Major	내림 사장조 G♭ Major	내림 다장조 C♭ Major

☰ 장조와 단조

- 장조
  '도, 미, 솔' 중 한 음으로 시작하고 끝나며 밝은 분위기가 납니다.

- 단조
  '라'로 시작하여 '라'로 끝나는 곡으로 우울하고 슬픈 분위기가 납니다.

※ 같은 조표를 사용하는 단조도 있으나 우리 교본 1권에서는 장조만 다루겠습니다.

바이엘 58번 변형-사장조

F. 바이엘 작곡

☆ 조표 확인!

그 옛날에 작자 미상

5번으로 좁히기

오락실
최준영 작곡

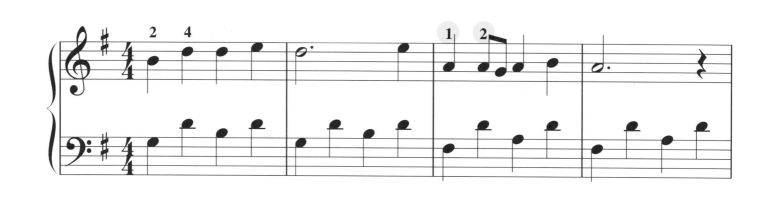

⚹ 양손 쉼표 박자
정확하게 지키기

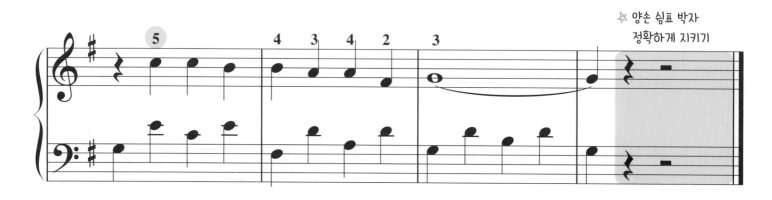

바이엘 58번 변형-바장조   F. 바이엘 작곡

Hey Jude   J. 레논, P. 매카트니 작곡

✿ 커먼타임(Common time) : $\frac{4}{4}$ 박자 기호

Can't Help Falling In Love

G. D. 웨이스, H. 페레티, L. 크레이토어 작곡

보글보글 작자 미상

✿ 모방기법 : 같은 선율을 다른 성부에서 반복하는 것을 의미합니다.

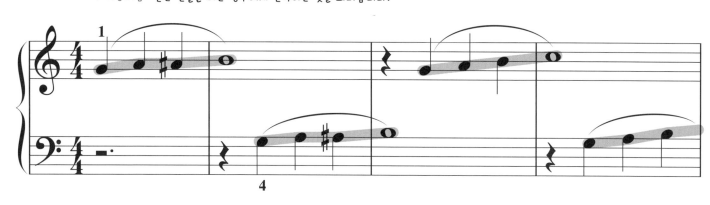

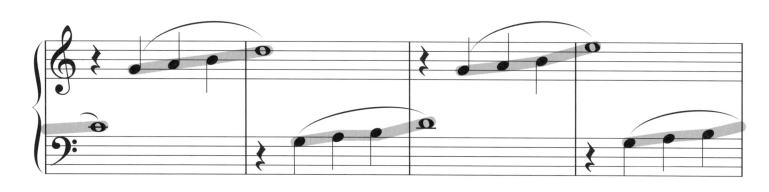

인벤션 No.1   J. S. 바흐 작곡

도약 주의

그리움만 쌓이네

여진 작곡

내가 만일

김범수 작곡

실연 최준영 작곡

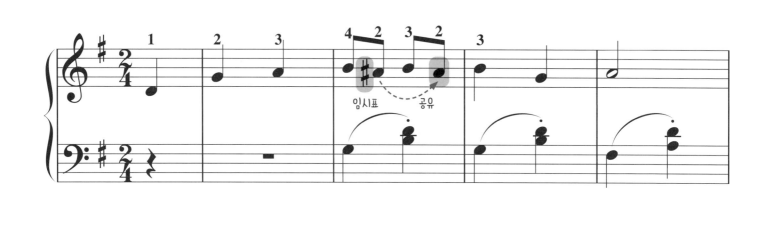

임시표　공유

simile ✼ 앞과 동일하게 연주

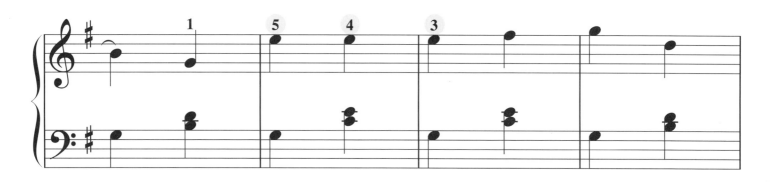

총 8박자 누르기

잡초   나훈아 작곡

아라베스크

F. 부르크뮐러 작곡

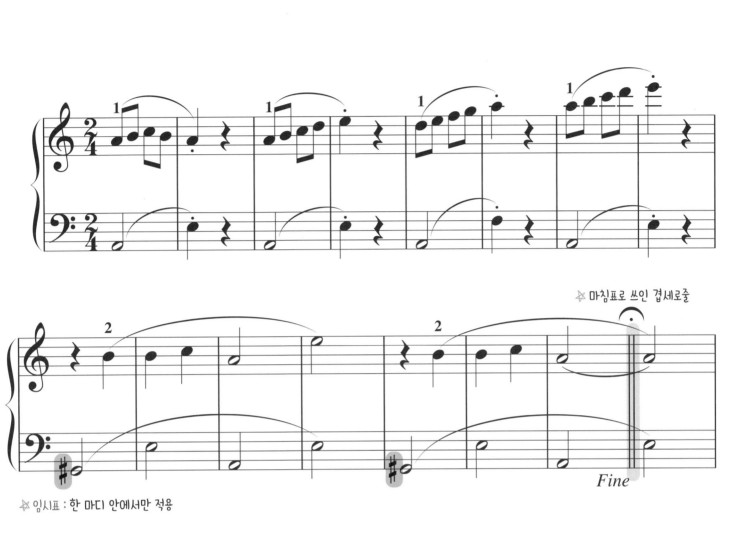

※ 마침표로 쓰인 겹세로줄

Fine

※ 임시표 : 한 마디 안에서만 적용

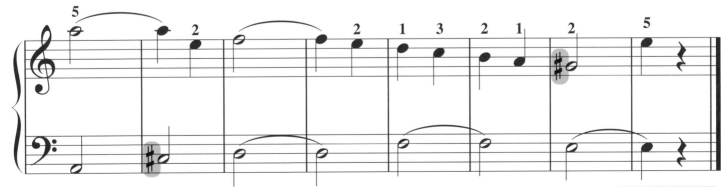

※ 다 카포 알 피네 : 처음으로 돌아가서 Fine(피네)에서 마침. *D.C. al Fine*

99

짧은 길이의 음표와 쉼표

음표	이름	박수	길이	쉼표	이름
♪, ♪	8분음표	반박		𝄾	8분쉼표
♬, ♬	16분음표	반의 반박		𝄿	16분쉼표
♪., ♪.	점8분음표	반박 반		𝄾.	점8분쉼표

☆ 같은 박의 리듬 예시

짧은 리듬 연습곡 신소현 작곡

→ 앞의 '도'를 더 길게 연주   → 뒤의 '도'를 더 길게 연주

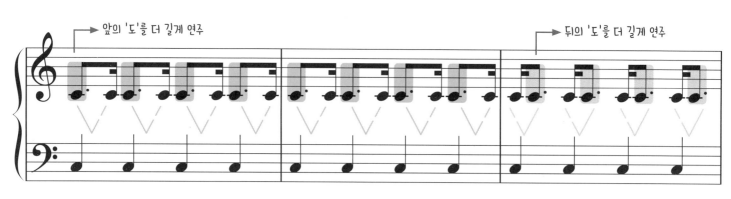

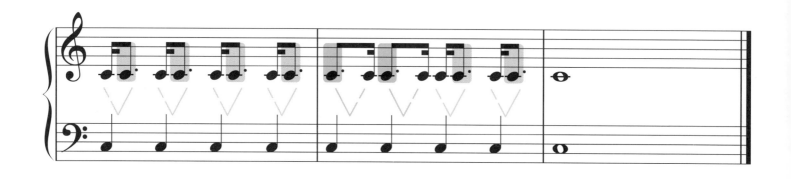

100

울게 하소서
F. 헨델 작곡

✿ 셋잇단음표 : ♩ = ♪♪♪ = 1박

Caro Mio Ben
G. 조르다니 작곡

✿ 제자리표 :
원래의 자리로 되돌립니다.

내 나이가 어때서

정기수 작곡

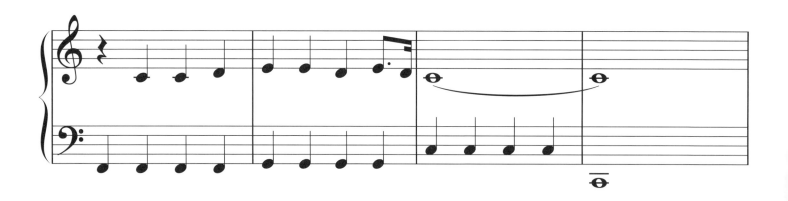

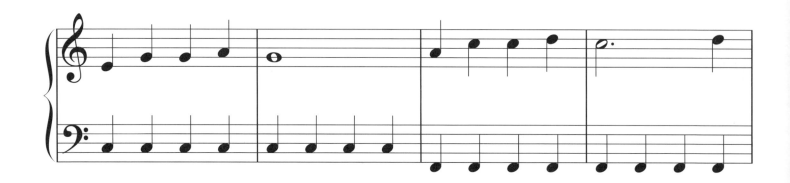

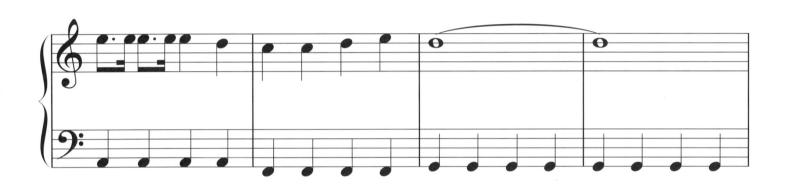

국민체조

김희조 작곡

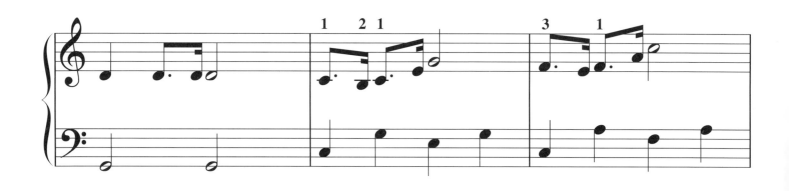

Mai Piu' Cosi' Lontano A. 보첼리 작곡

rit. ✩ 리타르단도 : 점점 느리게 연주

J에게

이세건 작곡

백 세 인생

김종완 작곡

소나티네 Op.36 No.1

M. 클레멘티 작곡

투우사의 노래

G. 비제 작곡

비창 2악장

L. v. 베토벤 작곡

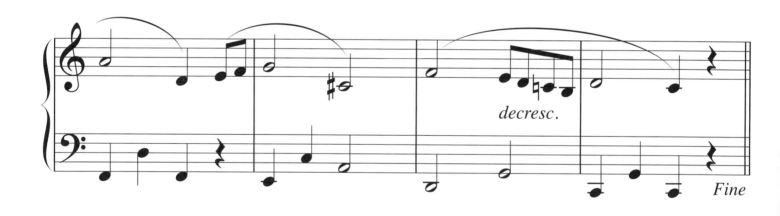

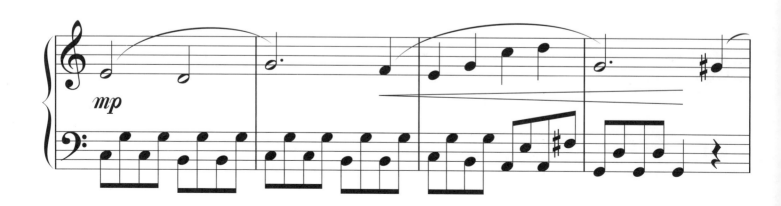

114

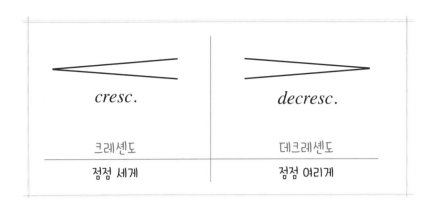

cresc.	decresc.
크레센도	데크레센도
점점 세게	점점 여리게

D.C. al Fine

희망사항

노영심 작곡

Second

희망사항

노영심 작곡

First 듀엣 연주 시 한 옥타브 위로 연주해 보세요.

First

119

성인을 위한 피아노 교본

THE 피아노 1

저자 신소현

발행인 정의선
총괄이사 사공성
이사 전수현
콘텐츠기획실 최지환
편집 서보람, 양혜영
미술 임현아, 김숙희
기획마케팅실 김상권, 장기석, 성스레
제작 박장혁, 전우석

인쇄일 2025년 2월 10일

발행처 ㈜음악세계
출판등록 제406-2019-000124호
주소 경기도 파주시 Bookcity 165 ⑰10881
전화 영업 031-955-1486   편집 031-955-6996
팩스 영업 031-955-6988
홈페이지 www.eumse.com

ISBN 979-11-6680-122-8-14670
         979-11-6680-587-5-14670(전2권)